내 안의 노을

김미경 시집

문학의전당 시인선
0287

내 안의 노을

김미경 시집

문학의전당

시인의 말

날갯짓이 生의 전부가 되어버린 나비처럼

그렇게
살아도 좋을 듯합니다.

2018년 7월
김미경

차례　　　　　　　시인의 말

제1부

낮달　13
페기　14
황산을 오르며　16
시　18
권정생 생가에서　19
베트남에서 온 효녀 심청　20
어머니　22
추억　24
간수　26
서운암에서　27
90년생 유진이　28
앉아 있다　30
달다　32
마늘종을 뽑으며　34
첫사랑　36

제2부

독　39
너는 어느 별에서 왔니　40
난, 아직도　42
쓸모없는 비　44
천 개의 눈물　45
그 누구의 것도 아닌 너　46
쓸쓸함에 대하여　48
풍등　49
눈빛 성형　50
들키고 싶지 않은　52
명이나물　54
아무것도 아니었던 날들　55
연화봉 그 어디쯤　56
소나무　58
자작나무 숲속에서　60
오미자를 따다가　62

제3부

마음 비우기　65
가끔은　66
꽃등을 달며　67
가을을 즈려밟고　68
단풍　70
입춘 지나 내린 눈　71
아버지의 봄　72
향기로운 밥　74
자작나무 숲속으로　75
단풍잎처럼　76
시월 장미　78
아버지의 땅　79
능소화　80
풀꽃　82
살아간다는 것은　83
빨간 우체통　84

제4부

소나기　87
산 그림　88
저녁 풍경　89
기다림에 지친 책의 변(辯)　90
이월의 햇살　91
노을이 지는 거리　92
와우영의 보름밤　94
별꽃을 보다　95
와우영 들녘에서　96
서양 민들레　98
단풍나무 꽃　99
와우영의 소리들　100
나무의 반란　101
정수원의 아침　102
내일이라는 기약　103
고마리　104

해설 | 노을과 스밈, 세월을 읽는 법　105
　　　 백인덕(시인)

제1부

낮달

아침 출근길 서쪽 하늘에 허연 낮달이
깨진 백자로 걸려 있다

아주 먼 기억 속
사막을 배회하던 고양이가
곡기를 끊고
울긋불긋 방울을 떨구며
저승의 목소리로
구석을 찾아 헤맬 때
떠 있던 달이다

작은 고추에
폴리 카테타를 박고
새벽녘까지 링거를 맞으며
질질 오줌을 흘리며
죽을 고비를 넘길 때
헤실헤실 웃던
그 달이다

폐기

이용가치가 상실된 자
보존이 필요 없다고 인정되는 자
훼손 또는 파손, 오손된 자
이용이 어렵다고 인정되는 자
불가항력적인 재해, 사고
그 밖에 준하는 사태로 인하여 유실된 자*

손이 떨렸다
쾌쾌한 냄새가 진동하는데
갈변한 종이에서
잠자던 검은 글자들이 꿈틀거린다
아직은 살아있다고
누군가의 눈길을 기다리고 있다고

등록부에 빨간색 두 줄을 그었다
비고란에 폐기 도장을 찍었다
폐기된 날짜를 써내려 간다
함께 들어와도

누군가는 먼저 가고
누군가는 남아 있다

＊학교도서관진흥법 시행령 제8조 제3항.

황산을 오르며

그 산에는
죄를 사해주는 돌계단이 있다
20만 개가 넘는 돌계단
계단을 오르는 사람들에게는
선택의 여지가 없다
한 계단 오르는 순간
20만 개의 지옥을 밟으면서
아무도 그것을 알지 못한다
하나씩 하나씩
돌계단을 만든 사람들
30년 형량이 10년이 되고
때론 사형수가 살아나고
누구에게는 지옥이
또 누구에게는 천당이 되고
소리 소문 없이 하늘로 지상으로
사라진 사람들
그들의 발자국을 따라
몇몇 사람들은 지옥을 경험하지만

수많은 사람들 천당을 걷고 있다
며칠을 걸어도 그들의 산
신발에 흙이 묻지 않는다

시

시는 말이야

워낙 순수한 거라서

그냥 찾아오지 않아

비와

바람과

사랑과

무너지는 이별

눈물과 행복의 뒤안길에서

너도 모르게

나도 모르게

찾아오는 세월 같은 거야

곁에 두고

세월을 읽다 보면

만나는 거야

권정생 생가에서

조탑동
빌뱅이언덕 밑
작은 흙집
물어물어 돌담길
따라가면
키 큰 산수유나무 몇 그루
마주하고
작은 개집 옆에
저절로 고개 숙여지는
궁색한 집
유난히 정겨운
감빛 지붕 아래
찢어진 문구멍 사이로
사후가
더 아름다운 얼굴 하나
소박하게 웃고 있다

베트남에서 온 효녀 심청

그녀에게 눈먼 아버지가 계신 것은 아니지
일찍이 어머니를 여의지도 않았어
그냥 한솥밥 먹던 살붙이들
반짝이는 눈망울들
나보다 조금 더 배울 수 있게
조금 아주 조금
보탬이 됐으면 하는 바람이었지

풍문 따라 들려온 소문
인정 많고 책임감 강한
낭군이 있다기에
낯설고 두려운 마음
맹그로브 숲속에 묻어두고
구름 위를 날아
아스팔트 인생을 꿈꾸었지

어설픈 소통 속에서도
사랑의 씨앗은 싹이 트고

뿌리가 내리고

열매가 맺고

녹록치 않은 삶

효은이 엄마 누엔티 베하이

오늘도 그녀는 자전거를 타고

베트남 쌀국수 식당으로 출근한다

어머니

중학생이 되면서
타의든 자의든
낯선 읍내에서 시작한 자취생활
연탄 한번 본 적 없던 촌뜨기가
하루가 멀다 하고
하얗게 속내를 보이는 연탄재를 보며
시린 마음 허기진 배고픔이 일상이던 시절

봄꽃 몽실몽실 눈뜨는
읍내에서 맞이한 첫 생일
한참을 걸어서
먼지 폴폴 날리는 버스를 타고
군불 지펴 손수 만들어 온
마구설기 한 바구니
생일 때만 되면
어느 하늘 근처에 있을까
말라버린 이름 하나

어
머
니

추억

빗금으로 채워진

어제 같은
오늘
오늘 같은
내일

반복 재생되는
햇살 속을 걸으며
폭우 속을 걸으며
꽃밭을 거닐고
눈보라에 흔들리고
돌멩이 하나 둘
날아와
가슴에 멍들어도

내일 같은
오늘

오늘 같은
어제

가끔 나를 잊어도
생은 결코 심심한 법이 없다

간수

소금도 땀을 흘려요
굳어지지 않으려는 몸부림의 흔적인가 봐요
소금자루에서 흐르는 간수를 봐요
소금이 만들어지면서
태양이 얼마나 쪼이고 쪼였을까요
더 이상 녹을 수 없는 바닷물
사리가 되었어요
땀과 눈물이
소금 자루에서 흘러요
저녁 식탁에 순두부가 끓고 있어요
수저 네 쌍이 나란히
웃고 있네요
우주로 흩어졌던 살붙이들
끓고 있는 순두부를 중심으로
식탁에 꽃을 피우네요

서운암에서

비 오는 산사
먹구름에 갇혔다

한때 불꽃처럼 살으셨을
팔순 아버지
절름거리는 발걸음이
장경각 십육만 도자대장경 미로의 중심에 서 있다

대장경 따라
미로를 걷다 보니
절름거리는 울 아버지 등 뒤로
이슬 머금은 금낭화
종을 울리며 따르고 있다

90년생 유진이

계란을 치고 있어요
수많은 90년생 유진이
순진하게 날아와 거칠고 단단한 바위에
얼룩이 되기도 하고 꽃으로 피기도 하고
때론 바위에 스며들기도 하네요

계란을 바위에 치며
수없이 많은 알을 낳고
또 다른 알을 낳고 버리기도 하고
가슴에 품기도 해요
바위는 구름에 가리었다가 햇볕에 받기도 하다가
어느새 쌍둥이빌딩 63빌딩 정부종합청사 이름 없는 건물에
자기의 족적을 남기고 있네요

그 안에서 떨어진 나비 한 마리 아직도 꿈을 꾸고 있어요
하루하루 빌딩의 그림자와 줄다리기를 하며
끊어지지 않으려고 몸부림을 쳐요

알을 버리는 것도
그림자를 포용하는 것도
끊어지지 않으려고
끊어지지 않으려고
세상에 뿌리를 내리는 일인걸요

앉아 있다

세 노인이 앉아 있다
그들 발밑으로 박수 소리가 지나간다
그들 어깨 뒤로 봄바람이 지나간다
소나무 둥치를 배경으로 흐름을 그리는 노인들

부영아파트에서 들려오는 아이의 울음소리를 듣는다
머리에 꽃을 달고 졸업사진 찍는 여학생을 본다
자전거 타고 소나무 사이 지나가는 젊은 남자를 본다

도도미장원에서 나온 스텐더드 푸들 한 마리를 본다
그 뒤를 따르는 미시족을 본다
몸 한쪽을 지팡이에 기대어 걸어가는 사내를 본다
환자복 입고 벤치에 앉아 스마트폰에 빠진 나이 든 여자를 본다

그윽하게 그러나 선명하게
그들을 보고 있는 노인
툭툭 던져지는 눈빛이 푸르게 만난다

때때로 객석에 머무는 바람을 보다가
의자에 앉은 관객을 보다가
지나가는 888 순환버스를 보다가

아직은
부영공원 메인무대 주인공으로 앉아서

달다

비탈밭에 쭈그리고 앉아
고구마 심고 있는
아버지 뒷모습을 보아요

아무도 눈치채지 못하는 사이
등에서 푸릇푸릇한 게 돋아나고 있네요

가끔 배고픈 고라니 내려와 헤집어도
살 것들은 살아나오네요

라면, 빵, 초콜릿, 필리핀 골드 파인애플
스리슬쩍 밀쳐내는 아버지
쌀보다 잡곡이 많은 밥을 하시고
약 드시듯 혼밥을 드세요

몸속에 차오르는 달콤함과
친구한 지 오래전
아버진 오늘도 푸성귀 가득한 텃밭을 일구고

자식보다 더 애틋한 흙을 만지며
소꿉놀이하듯
살고 있네요

마늘종을 뽑으며

아직 몸을 풀지 않을 때
흔들리지 않으려고
떨어지지 않으려고
뿌리 깊은 중심에 더 꼿꼿한 나무가 된다

조심조심 낙태되지 않으려는 그녀
매몰차게 달려드는 손
따사로운 햇살도
푸른 하늘 뭉게구름도
아무도 눈길 주지 않는 그녀의 비명
뚝
허리가 잘리고 만다

잘려진 허리마다
눈물이 고인다
서리와 바람과 눈과 추위를
온몸으로 안고 있던 그녀

꽃 한 송이 피워보지 못한 파리한 얼굴 하나
논 너머 밭에서 보았다

첫사랑

산정호수
햇살 포근한 찻집 뜰
깨진 옹기 옆에 웃고 있는 꽃
개미취는 알겠는데
국화는 알겠는데
그 꽃,
눈에 익은 꽃
기억이 가물가물
보랏빛 연정을 물씬 풍기는데
가로수길 칸나보다 화려하지 않고
가우라*보다 섬세하지 않는데
자꾸
눈길이 간다
자꾸
뒤를 보게 한다

---

*가우라: 분홍바늘꽃.

제2부

독

곰팡이 피어 있는
항아리 씻다가
깨어진 손잡이에
손가락이 스쳤다
몇 년을 채우지 않고
방치했더니
독,
텅 빈 항아린 줄 알았는데
기억에서 잊혔던 고통
멈추지 않고
흘러내리는 물줄기 따라
함께 흘러가는 붉은 것들
눈 질끈 감고 생각하니
항아리,
독(毒)을 품고 있었구나

너는 어느 별에서 왔니

리기다소나무처럼
다리에 숲이 무성한 그 녀석

턱수염이 자랐다며
깎아 달라 들이대는 그 녀석

빠져빠져
음악에 빠져
이어폰을 엄마보다 더 가까이 하는 그 녀석

첨벙첨벙
게임에 첨벙
엄마의 이른 귀가를 불편해하는 그 녀석

아~
난 어디에 있어야 하나
후우~
넌 어디에 있니

네가 내 품으로 왔을 땐
손짓 하나의 행복
발짓 하나의 행복
말 한마디 한마디의 행복
가슴 가득하던 행복들

이어폰을 끼고 있는 그 녀석
게임에 몰두하는 그 녀석
빛바랜 사진처럼
희미해져 가는 행복의 그림자

너는 어느 별에서 왔니?

난, 아직도

나, 아직
이별을 생각하지 못하였기
당신의 소중함을
알지 못합니다

나, 아직
당신의 소중함을 알지 못하므로
만남의 아름다움을
알지 못합니다

가끔 눈이 시리도록 책을 보아도
허기가 채워지지 않는 것도
일상처럼
당신을 보는 이유겠지요

그래도
이렇게 펜을 들어 끄적이는 것은
아직 말하지 못한 무언가

가슴에 남아 있기 때문입니다

어쩌면
퇴고하지 못한 미완의 시 한 편을
읽고 또 읽는 것도
내가 나를 사랑하는
작은 몸짓일지도 모릅니다

쓸모없는 비

곡우 지나 일주일
비가 내린다

엊그제까지
환하게 웃던
벚꽃잎들이
이렇게 갈 수는 없다고
두 눈에 불을 켜고
시위를 한다
한 잎
또 한 잎

아무짝에도 쓸모없는 비
함께 쓸려간다

천 개의 눈물

누가 꺾었는지 알 수 없는 아카시나무
적막한 산길에 누워 있습니다
가장 향기로운 하얀 꽃송이
주렁주렁 매달고
이제는 뒤돌아보며 살아갈 일만 남았는데
차오르는 갈증에 시들어가는 잎사귀들
그 아름다움 저물기도 전에
그 향기 사라지기도 전에
생을 놓아버린 그녀

문득 누가 꺾었는지 알 수 없는
아카시 꽃향기에
주르르 눈물이 나는
오월 어느 날

그 누구의 것도 아닌 너

노스페이스, 아디다스도
필요 없다는 아이는
상표 없는 점퍼나
사달라는 아이는
그 누구의 관심도 원치 않는다
처진 어깨를 하고
달빛 정수리를 지나고
너는
흩어진 퍼즐을 맞추듯
마지막 귀가를 한다

꼬불꼬불 라면이 제일 좋다고
허기진 배를 채우고
언제부터인지 물 대신
캔커피 하나 머리를 채우고
삼경이 지나도록
하루 종일 채웠을 글자들을
채우고 또 채우고

이제 그만 자라 해도
대답이 없다

네 몸이 네 몸이 아니고
네 몸이 내 몸도 아니고
세상 그 누구의 것도 아닌 너

쓸쓸함에 대하여

가까이 있어도
소통이 없는 세상
마음이 없고
눈빛이 없고
짧고 빠르게 걷는 초바늘처럼
일상에 젖어 바쁘게만 돌아간다

느티나무 가지에 초승달이 걸려 있다
가로등 불빛이 거실까지 들어와
나뭇잎 그림자를
내 가슴에 수놓고 있다

바람이
한 번씩 말을 걸어와도
내 가슴엔 나뭇잎만 흔들릴 뿐
담쟁이넝쿨 무성한 담장만
가슴에 쌓고 있다

풍등

바람을 써서
바람에 날려 보냈다
하늘 어딘가로 훌쩍 날아가는 소망
끝없이 밀려오는 사람들에 밀려
머리 위에 두고 그냥 돌아왔다

세상은
누군가에게 끊임없이 기대게 한다
노랑, 하늘, 분홍, 빨강이란 이름으로
시대가 변할수록
우리의 소망도 깊어지고

노을빛 언저리로 날아간 소망
나뭇가지에 쭈그리고 앉아 있는 풍등
스펀나라 점등인이
긴 장대로 수거하고 있다

눈빛 성형

그 어떤 명의라도 할 수 없는 수술이 있다

쌍꺼풀 수술은 가능하지만
코를 높이는 것도 가능하지만
키를 키우는 것도 가능하지만
눈빛,
내 속내를 보여줄 수 있는
내 삶의 거울이기에

그 누구도 할 수 있는 수술이 있다

상처를 내고 하는 수술은 아니지만
돈이 많이 드는 수술도 아니지만
내가 어떤 생각으로 살아가는지
내가 어떤 마음으로 타인을 대하는지
내가 아닌 그 누구도 아닌
내 자신만이 할 수 있는 수술이기에
눈빛, 그 찬란한 눈빛

결코 짧은 시간에 이루어지는 수술은 아니다
긴 시간 느림의 미학으로 다가와
무의식의 세계에서
나의 거울 앞에 어느 순간 찾아와
우뚝 서서 나를 지켜보는
또 하나의 나

들키고 싶지 않은

농익은 가을날 오후
농익은 반항의 아들과
어깨를 나란히
숲으로 갔지요

인적 없는 외길 숲엔
누구의 보금자리인지 모를
텐트 하나
낙엽에 쌓였지요

싸늘한 기운이
가슴에 스며 와도
아무렇지도 않은 척
발길을 재촉하며

저기 제일 붉은 단풍은
단풍이 아니라
복자기나무라고 묻지도 않은 대답을 했지요

나뭇잎 사이로 반짝이는 햇살을 보며
한 번도 가보지 않은 숲길을
그렇게 걸었지요

명이나물

명이나물을 보내왔다

홀로 된 그녀
육지를 돌아 돌아
훌쩍 찾아간 고향 나리분지

바람과 물과 햇살을 보내왔다
출렁이는 바다가 가슴으로 들어왔다
푸른 햇살이 온몸을 비춘다

택배를 연다
울릉도가 통째로 왔다
그녀가 웃고 있다
웃고 있는 그녀를
먹었다

가슴에 파도가 친다

아무것도 아니었던 날들

소소하게 내린 이슬비에
옷 젖는 줄 몰랐다

무심히 던진 말이
아무것도 아닌 날들이 되었다
같은 길을 걸으면서 우린
자꾸 다른 생각을 말하기도 했다

옛날을 지울 수 없는 너
처음을 지워버린 나

옆은 뒷전으로 흘려보내고
앞만 보고 걷다 보니
무심히 던진 말
영원히 가슴에서 지워지지 않는
못 자국이 되었다

연화봉 그 어디쯤

톨게이트를 빠져나와
법흥사 이정표를 보았어요.
최단거리 간편 검색을 하였지요.

아리따운 내비 아가씨의 목소리를 따라
바퀴는 굴러가고
사자산 연화봉 그 어디쯤 있을
바람 한 줌 맞으러 그렇게 갔지요.

적멸보궁으로 향하는 길
산봉우리를 향해
금강송림 경배를 하고
햇살 비추는 그 사잇길을
그냥 그렇게 걸었지요.

짐승도 사람도 갈 수 없는
연화봉 그 어디쯤 있을
바람 한 줌

새가 되어 날아가면 볼 수 있다고
단청보시 하나 하라던 노보살의 말에
배시시 웃음 지으며
그냥 그냥 왔다고
연화봉 그 어디쯤 있을
바람 한 줌 슬그머니 등 뒤로 스쳐갔지요.

소나무

내 고향 가는 길
낮은 산
마당바위 위
소나무 한 그루 살고 있지

처음
고향 떠나올 때
그 모습 그대로
단발머리 까만 교복을 입고
덜컹거리는 시내버스를 타고
지나갈 때도
그 모습 그대로

강산은 세 번 변했고
변치 않은 마당바위 위
소나무도 그대로
한 오백 년은 살았을 것이라는
그 소나무

네 태생은 피터팬의 후예
내 고향 가는 길
마당바위 소나무
내 마음도
유년의 기억 속에 멈춰 있는 곳

자작나무 숲속에서

순백의
햇살이
비가 되어 내린 자리
수많은 행렬들
자작나무 숲속으로
발을 담근다
벗겨도 벗겨도
거짓 없는
하얀 속살
삭풍 어루만지며
하늘 높이
뻗어 오른
눈부신 수피
자작나무 숲속
모두가
순백이 되는 곳
누구나
은빛 윤슬 한 아름

가슴속에
품게 되는 곳

오미자를 따다가

한여름
진저리나게 내리던 비를 맞으며
얽히고설키고 서로를 보듬어 꽁꽁 보듬어
덩치 큰 터널을 만들어
작고 붉은 보석들을 품에 안고 있다
중학생 아들에게 오미자를 따자고 하니
내가 왜 이런 걸 따야 해 하면서도
탱탱하고 알토란같은 열매만 골라서 따고
불혹 지난 손에서 나온 열매는
푸르고 흰 것이 조금 섞였다
그래도 알토란같은 보석들이 수두룩한데
평생 농사만 짓던 울 아버지
거북 등가죽 같은 손에서 나온 열매
작고 여물지 않은 찌시래기가 태반이다
오미자를 따면서
삼십 년 당뇨와 함께한 울 아버지
아버지의 밥상이 생각나는 이유는 무엇일까?

제3부

마음 비우기
―가끔은 가고 싶다

사유의 늪으로 빠지고 싶을 때
한 발짝
현실을 벗어나고 싶을 때
마음 한곳에 은밀한 다락을 만들자
유년의 아득함이 있는 곳
질풍노도의 열망이 있는 곳
한없는 그리움의 세계
은밀히 왕래할 수 있는
혼자만의 방
마음 언덕 넘어
MRI로도 판독되지 않는
다락 한 채
기척도 없고
별 하나 등불 되어
기다리는……

가끔은

한때
붉게 웃는 나뭇잎을 보면
내 얼굴도 붉어졌었지
바람에 살랑살랑 춤추는
작은 잎새에도
가슴은 떨렸지
하나 둘 떨어지는 낙엽을 보면
눈물도 비치곤 했었지
그 수줍은 웃음소리
그 투명한 눈빛
가슴 떨림조차
무덤덤 속으로 사라지듯
간직하고 싶었던 애절한 만큼
다 비우고 싶었지
겨울 산이 순백이듯

꽃등을 달며

덕주골 계곡은
사람의 손길을 원하지 않는다
실바람 물살 지우는 산길
쪽동백 희디흰 눈물
뚝뚝 떨어져 길바닥에 깔려 있다

심호흡을 하고
마음을 가라앉히고
여울목으로 사라지는 꽃잎을 본다

풍경 소리 고요히 퍼지는
법당 앞마당
쪽동백 희디흰 넋이
초여름 등을 밝히고 있다

내 마음속 숨어 있던
터럭 하나
슬그머니 그곳에 놓고 왔다

가을을 즈려밟고

가끔은 오래된 기억
되새김질하고 싶다

오래된 시골 학교
플라타너스 기둥에 기대어
흑백사진으로 간직된
얼굴 얼굴을
하나씩 떨어지는 잎사귀에
새기고 싶다

그리움이
나풀거리고
진한 국화 향이 코를 찌르는
운동장에 서서 유년의
나를 바라보고 싶다

흐린 날

마음의 갈피마다 끼워둔 기억
모두 꺼내
먼지를 털고
오래전 소리에 귀 기울인다

소리는 왜
이슬비처럼 내리는가?

단풍

가슴이 답답하다며
바람 따라 떠돌던 내 어머니

치열했던 여름 끝자락
몸속에 있던 물
하늘로 허공으로 다 날려 보내고

가을 햇살에
갈바람에
가슴속 옹이까지 다 내어주더니

끝내
불덩어리만 남았다

입춘 지나 내린 눈

노오란 산수유 꽃망울에
살포시 내려와
포근히 안기듯 날리더니
제 빛깔
오래도록
지키지 못하고
금세
또르르 굴러가는
옥구슬 하나

아버지의 봄

젊은 시절부터 머리가 허옇던 아버지
이십여 년이 넘도록
떨치지 못하는 당뇨를 끌어안고

쌈짓돈 만들겠다며
첫차 타고 산과 들로
절름절름 다리를 끌고 가신다

참나물모시래, 곰취, 두릅을 한 보따리씩 따 모아
새우등이 되도록 배낭을 꽉 채우고도
무엇이 그리 좋은지 골 깊은 얼굴이 환하다

아파트 앞 좌판을 깔아놓고
고래고래 소리 한 번 지르지 않아도
금세 동이 난다며 싱글벙글이신 아버지

한 무더기 봄나물, 파는 게 아니라며
달라는 대로 그냥 주는 거라며

그래야 다음에 또 팔 수 있다며

올해도 손톱 밑이 까맣게 물드는 것이
배낭을 채웠다 비우는 것이
아버지의 봄, 시작인 것을!

향기로운 밥

조금만 기다려야 한다
공허한 뱃속을 채우기 위해
스테인리스 도시락은
누워서 로터리 히터를 끌어안고 있다
활활 타고 있는 등유의 몸서리가
차가운 밥알에
온기를 불어넣을 때까지

국방일보 한 장 식탁 위에 깔고
터질 듯이 달구어진 도시락 뚜껑을
기우뚱 기우뚱 열면
푸성귀뿐인 반찬에도
김이 모락모락 나는 도시락
등유의 춤사위가 전해온다
흙 향기가 전해온다

자작나무 숲속으로

혼자서는 한 발자국도 움직일 수 없는
자작나무 숲속으로
아침마다 출근을 한다
창문을 열면
바람이 먼저 들어와
자작나무 흰 속살에 간지럼을 태우고
말없이 기다리던 아이들
잔걸음으로 들어와
자작나무 숲길을 쉴 새 없이 헤치며
자작나무 수피와 잎사귀를 쪼아대는 동고비가 된다
자작나무 껍질을 한 겹씩 한 겹씩 벗겨
창문으로 나르고
숲속에서 뒹굴뒹굴
자작나무와 이야기한다
자작자작 숨바꼭질하는 아이들
옹이 없이 자란 아이들
맑은 햇살 눈부신 자작나무 숲속
아이들은 빛이다

단풍잎처럼

살다 보면 한세상
딴소리 할 때도 있겠지만
별것도 아닌 것이
세상사인 걸
염천 하늘 아래
푸르게 푸르게 살다가
때가 되면 알리라
내 열병이 한순간에
단풍 드는 것

살다 보면 한세상
내 맘대로 안 되는 일도 있겠지만
놓고 싶지 않은 기억
떨치고 싶지 않은 생명줄
물거품 되어 지나간 세월
때가 되면 알리라

단풍이 왜

순식간에 붉게 물들어
바스락거리는지

시월 장미

눈길 가는 곳마다
한 컷 사진이 되는 계절
물드는 잎들을 찾아
산으로 산으로
발길을 돌리는데
그대, 아직
무슨 미련이 남아
벌 나비 모두 떠난 계절
날카로운 외투에
붉은 빛깔 화장을 하고
화려한 외출 준비를 하고 있는가?

아버지의 땅

내 고향 가리점
골 따라 오르다 보면
그 무성하던 잎사귀들 열매들
몇몇 해 눈길 한번 주지 않았더니
텅 빈 마음 다 털어내고
고사목이 돼버린
밤나무 두 그루
주인이 누구인지 경계가 애매한
반신불수 호두나무 한 그루
생뚱맞게 솟아오른 스틸하우스 한 채와
컨테이너 한 동
어쭙잖게 차지하고 있는
비닐하우스 한 동
절름거리는 다리로
백발의 초로로
서천 꽃밭 환생 꽃을 텃밭 가득 피우시는
아버지의 봄 여름 가을은
그곳에 있다

능소화

아직도 멀었느냐
너의 해탈은

마이산 탑사가 바라보이는
암마이봉 아래
누구도 오를 수 없는 암벽
슬그머니 뿌리 내린
고행의 시작

속수무책 내리는 장맛비에도
사시사철 불어대는
세찬 바람에도
휘휘 늘어져 위로만 향하는
넝쿨손의 참선

긴 세월
가끔은 흔들려도
쓰러지지 않는

외줄의 돌탑을 향해
흐드러진 노을 빛
능소화 꽃송이
뚝,
떨어져 나뒹굴고

풀꽃

화려하고 싶지 않았다

바람 불면 바람에 기대고
비 오면 비에 기대고
햇살 비추면
살며시 눈을 감는

천천히 보아야
잔잔히 보아야
더 아름다운
너

무위진화(無位眞花)*

---

*도를 닦는 마음이 뛰어나서 지위를 달 수 없을 만큼의 경지에 오른 참된 꽃.

살아간다는 것은

삐걱거리는 침대에 누워 생각한다
의미 없는 하루가 또 지나는 느낌
장마가 시작이라더니
진종일 이슬비만
내
렸
다
개
었
다
어둠 속 사이렌 소리에
천연 레몬향 살충제만
방 안 가득 남겨두고
일말의 무력감도
함께 나오는

일상

빨간 우체통

거리의 빨간 우체통은
흉년이다

저마다 손바닥에
작은 우체통 하나씩 들고
말들을 찍어 보낸다
어휘를 날려 보낸다
음소로 기호로 소통하는
아주 바쁜 아주 평범한 사람들
망각의 강을 건너간
손 글씨
빨간 우체통은
아득한
그리움이다

제4부

소나기

휘모리
자진모리
칼날 같은 섬광
저희들끼리
부딪치며
휘몰아치는
그 짧은 춤사위
땅에서
바다에서
춤추며 사라지는
그
짧은 생애

산 그림

옥빛 강가 꽃무덤 굽이굽이
바람에 몸을 씻은 연초록 잎사귀들 산자락 돌아서
선들바람 머무는 성황당 바윗돌 길손처럼 내려서
무겁던 마음 밭 살포시 덜어낸
화암이 산 그리매 단아한 너와집
보란 듯 솟아오른 기러기 솟대 토방 한켠
수런수런 오가는 소리에

수십 길 물속에 가라앉은 달
서산을 넘는

저녁 풍경

하늘이 잠들면

개구리 울음 가득한 논길
마당 앞 신작로에 걸터앉아
꼴 베러 간 아버지를 기다린다

내 나이보다
내 아버지 손금보다 더 오래된
팔 하나 뚝 떨어뜨린 배나무 위에
달이 걸리고
별들은 아버지 지게에 내려앉는다

그때
개구리 울음소리 지우며
논길 걸어오시던 아버지의 목소리
어둠 넘어 이명처럼 들린다

저녁은 먹었냐

기다림에 지친 책의 변(辯)

나도 이러고 싶지 않아서
그저 당신을
기다리고 있을 뿐이지
가물가물한 눈길
한 장 한 장
넘어갈 때마다 느껴지는 촉감
마냥
그리워하고 있는 것일 뿐
투정은 아닌데
검버섯처럼 피어난 검은 곰팡이

이건 당신의 눈길을 끌기 위한
나름 꽃인 게야

몸부림의 흔적이 남긴

이월의 햇살

영산홍 핀 베란다를 지나
아라우카리아 무성한 거실 한켠에 낮 두 시가 넘도록 누워 있다 이제는 일상에서 나를 깨울 시간 긴 동면에서 깨어나 햇살 속으로 손을 뻗어 생각에 싹을 틔울 시간 시클라멘이 수많은 촉수의 꽃을 피우듯 생각의 가지마다 싹을 띄울 시간
그렇게

햇살이 주는 것만큼만 피울 수 있는 나무이고
열매이고
꽃이 되고 싶다

아니
이월의 햇살이고 싶다

노을이 지는 거리

노을은
거리에서 제일 높은 빌딩
대형 스크린에
자신의 육신을 던져버렸다

'노을'이란
영화의 예고편

차들은 집으로 향하고
무감각한 표정의 사람들
아무도 느끼지 못하는 순간
영화는 시작됐다

사라진 주인공의 자리엔
네온 불빛이
하나
두울
셋

별들이 꿈꾸는 노을은 어디에서
내일을 위한 공연을 준비하고 있을까
그들이 기다리는
개봉영화를……

와우영의 보름밤

무슨 일이 있는 게야 달빛이 저리도 서글픈 것은
큰일이 난 게야 작은 기척에도 화들짝 놀라는 저 은사시나무 좀 봐
소는 누워서 끔뻑 울음을 삼키고 소나무 잎들은 칼날이 되어버렸어
밤이슬 맞는 시커먼 그림자들 지신처럼 서 있던 와우영의 눈을 판 게야
사방은 깨어서
우우우 우우우
소슬바람 불어도 막을 수 없었던 촛대여 문향석이여
와우영 수백 년 혼이여!

별꽃을 보다

계명산 꼭대기
은빛 잔설이 찬란한데
조각 볕만 다녀간 아파트 화단
숨죽여
고개 내민 연두색 작은 잎
잎새마다 찍어놓은
흰 살결 무늬

쇠

별

꽃

와우영 들녘에서

지신처럼 서 있는 느티나무 지나
쓸쓸한 저수지
은빛 갈대도 헐벗었고
아직은 야위고 썰렁한
사과나무들

언제나 귀에 익은 새소리
워이, 워어이
쫓기만 하던 목청도
빈약한 추수의 손길로
몇몇 알
까치밥으로 남겨둔
빨간 사과

무서리 된서리
첫눈까지 지난 들녘
새들조차 외면한 까치밥
촌부의 가슴처럼 까맣게

또는 흙빛으로
쌉싸름한 바람에도
오도카니
와우영 들녘의 주인이다

서양 민들레

해 뜨는 집
각진 자리
지난봄 씨앗 하나
날아와 꼿꼿이 박히더니
하루해가 더 길어서일까
콘크리트 삭막함도
무색한 탄생으로
어느새 노란 꽃송이 하나
기지개를 켜더니
나비가 날기도 전
꿀벌이 찾기도 전
한낮의 꿈처럼
잠시
외출하듯
하얀 솜털 폴폴 날리더라

단풍나무 꽃

문득, 단풍나무 꽃이 되고 싶은
어떤 봄날
긴
긴
밤을 지새우고

세월처럼
따뜻한 절반의 여름
긴
긴
밤을 지새우고

모진 비바람에 시달려
긴긴 밤 하늘만 보던 단풍잎
하늘하늘 별이 되어 떨어지네
나폴나폴 꽃이 되어 날아가네

붉은 단풍 꽃

와우영의 소리들

산등성이 누워 있는 소 한 마리
잠을 잡니다

바람과 은사시나무와 구름이 모여들면 잘 익은 복숭아 떨어져 스타카토로 뒹구는 소리 함부로 부딪쳐 메아리가 되는 뻐꾸기의 긴 울음 이따금씩 하늘을 가르는 전투기의 숨 가쁜 소리 어느새 모시 적삼 갈아입은 아카시아 꽃잎 사푼사푼 땅 위를 구르는 소리 재 너머 마을 스피커에서 흘러나오는 트로트풍의 노랫소리 잠에서 깬 소 울음소리

그렇게 소리 지천명을 넘어
이명으로 들리는 그곳

고향

나무의 반란

쫙쫙 뻗어 오른 잎갈나무 우듬지
까치집이 윙윙거린다
이월의 나무는 심한 아토피를 앓고 있는
내 아이와 같다
탱탱 부풀어 오른 가슴을
어찌하지 못하고
터트려버린
매화의 연둣빛 눈망울처럼
가려운 등을 박박 긁고 있다
벌겋게 꽃피는 몸뚱이를 보면서
굵은 소금 한 줌으로
벅벅 등을 문지를 수밖에 없는 어미
코 밑이 거뭇거뭇해지는 아이는
나이테를 하나씩 만들면서
웃음의 폭이 넓어지고
나와의 거리도 멀어지고
서늘한 바람이 좋다며
밖으로 밖으로만 나가려고만 한다

정수원의 아침

 살아온 날만큼 구불구불 가파른 골짜기를 따라 시린 안개에 갇혀 부동자세로만 지내온 낙엽송 조각 볕만 다녀가는 이곳 정수원 눈길마다 피어난 12월의 산국 눈이 시리다 기약할 수 없는 저승과 이승 사이 남은 자의 눈물은 계곡을 흐르고 높은 콘크리트 굴뚝 위로 연기가 솟는다. 길게 끊어진 갈 수도 돌아갈 수도 없는 이곳에서 하늘로 하늘로 길이 아닌 길을 따라 걷는 사람들 저 하늘 길가 어디쯤에도 12월 산국 피었을까

 걷다가 걷다가 문득 돌아보면
 여기 정수원 마당에 놓여 있는 산국 한 다발 보일까

내일이라는 기약

달빛을 사랑하는 너
무척 애달파 보이누나
쯔비
쯔비
쯔쯔비
소리 높여 노래해도
무심한 달빛
쯔비
쯔비
쯔쯔비
울어도
울어도
표정 없는 너
쌉싸름한 가을밤
농익은 사랑 노래는
저렇듯 찢어지는 목청으로
불러야 한다

고마리

탑평리 강가
몸은 가시로
가지 끝 담홍색 피를 토하여
서 있는 고맹이
척척한 땅에 뿌리내려
질긴 생 마감했다

한 세월 물속에 살다
물 밖으로 나와 보니 저승
그래도 거둘 수 없는 미련이 있기에
풀씨
가볍게 가볍게 7층 석탑
주위를 서성이네

해설

노을과 스밈, 세월을 읽는 법
백인덕 시인

1.

시간의 특정 지점, 아니 '국면(phase)'에 끌리거나 심지어 집착하는 것은 현대인의 보편적 성향이다. 그 이유가 진화적 요인 때문인지, 학습된 것인지는 불분명하지만 '일상'에 대한 회의(懷疑)가 눈뜰 때마다 그런 성향이 더 강화되는 것만큼은 확실하다. 주지의 사실이지만, 오늘 우리의 생활, 어쩌면 인생을 지배하고 있는 특성은 '일상성'이고 세계 어디에 있든지 무슨 일을 하든지 간에 '단순, 자동, 반복'이라는 일상성의 원리를 벗어날 수 없다. 이처럼 일상은 때론 현대인의 올가미처럼 표현되기도 하지만 결국 생(생활)의 기초라는 데서 일종의 비극이 발생한다. 간절히 벗어나고 싶지만, 일탈하는 순간 토대가 다 무너져 내리는 것을 감수해야 하기 때문에 우리는 상상하거나 대체재를 소비하는 것으로 그 열망을 달랜다. 일종의 상황 논리일지도 모르지만, '시간의 특정 국면'에 집착한다는 것은 역으로 일상의 올가미가 지나치게 촘촘하거나 일탈에의 열망이 의식의 표면을 뚫고 나오기 시작했다고 이해해야 한다.

김미경 시인의 시작(詩作) 동기나 시적 '모멘텀(momentum)'도 이 지점, '일상에 대한 회의가 눈뜰 때' 비롯하는 것으로 보인다.

> 아침 출근길 서쪽 하늘에 허연 낮달이
> 깨진 백자로 걸려 있다
>
> 아주 먼 기억 속
> 사막을 배회하던 고양이가
> 곡기를 끊고
> 울긋불긋 방울을 떨구며
> 저승의 목소리로
> 구석을 찾아 헤맬 때
> 떠 있던 달이다
>
> 작은 고추에
> 폴리 카테타를 박고

새벽녘까지 링거를 맞으며

질질 오줌을 흘리며

죽을 고비를 넘길 때

헤실헤실 웃던

그 달이다

—「낮달」 전문

노을은

거리에서 제일 높은 빌딩

대형 스크린에

자신의 육신을 던져버렸다

'노을'이란

영화의 예고편

—「노을이 지는 거리」 부분

시인은 '아침 출근길'에서 '허연 낮달'을 보고, 퇴근길에서 "대형 스크린에/자신의 육신을 던져버"린 '노을'을 본다. 단순히 보는 것(시각적 행위)이 아니라 '하루'라는 시간의 단위를 열고 닫는다. '시간의 특정 국면'에 끌린다는 것은 다른 말로 하면 그때 비로소 과거나 미래의 의미를 생각하게 되고, 어떤 기대를 부여한다는 것과 같다. 일반적으로 아침은 시작의 의미를 갖고 그만큼 생기가 넘치게 되고, 저녁은 마감의 뉘앙스 때문에 약간은 후회와 자성의 뉘앙스를 띠게 마련이다. 하지만 시인은 "깨진 백자" 같은 '낮달'에서 "아주 먼 기억 속" 한사코 죽으려던 '고양이'와 "작은 고추에/폴리 카테타를 박고/새벽녘까지 링거를 맞"고 살아난 아이의 '미소'를 본다. 하루의 시작에 '삶과 죽음'이라는 빛과 그늘이 이미 드리워져 있다고 느끼는 것이다. 반면에 거리에서 지는 '노을'은 '대형 스크린'에 갇혀 "'노을'이란/영화의 예고편"처럼 보이지만, 진짜 노을 즉 "별들이 꿈꾸는 노을은 어디에서/내일을 위한 공연을 준비하고 있을까"라고 물음으로써 노을을 소멸이 아니라 재생의 이미지로 바꿔놓는다. 이처럼 일반적인 시간 감상을 역전한 이유를 곰곰 생각하는 것이 이번 시집, 『내 안의 노을』을 이해하는 한 방편이 될 것이다.

> 가끔 눈이 시리도록 책을 보아도
> 허기가 채워지지 않는 것도
> 일상처럼
> 당신을 보는 이유겠지요
>
> 그래도
> 이렇게 펜을 들어 끄적이는 것은
> 아직 말하지 못한 무언가

가슴에 남아 있기 때문입니다

—「난, 아직도」 부분

  시인은 '난, 아직도'라는 고백적 전제 아래 스스로를 진단한다. 이 자가진단에는 진위가 없다. 뿐만 아니라 '진정성'의 정도 또한 독자들의 공감 능력과 결부되므로 문제 삼을 이유가 없다. 다만 시인이 이런 진단을 내리게 된 이유가 "이렇게 펜을 들어 끄적이는 것은/아직 말하지 못한 무언가/가슴에 남아 있기 때문"임에 주목해야 한다. 나아가 "시는 말이야/워낙 순수한 거라서/그냥 찾아오지 않아/비와/바람과/사랑과/무너지는 이별/눈물과 행복의 뒤안길에서/너도 모르게/나도 모르게/찾아오는 세월 같은 거야/곁에 두고/세월을 읽다 보면/만나는 거야"(「시」)라고 궁극의 시를 주장하는 데서 시인의 자세와 그 진정성을 충분히 유추할 수 있다.

  결국, '세월을 읽는 법'을 통해 이번 시집에 함축된 김미경 시인의 시세계에 대한 여러 구성 인자들을 엿볼 수 있다. 또한 여기서 머지않은 지점에서 시인이 고심하는 '정체성'의 면모도 드러나게 될 것이다.

2.

시인은 "세월을 읽다 보면/만나는 거야"라고 나름의 시관을 밝혔지만, '세월을 읽는다'는 것은 말처럼 쉬운 일이 아니다. 이 언표는 그 자체로 여러 층위를 가로지르고 있고, 시적 명제라는 점에서 '읽다/쓰다'가 동전의 양면처럼 붙을 수밖에 없다. 따라서 행위로써 '읽다'의 의미를 먼저 생각해볼 필요가 있다. 단순히 '읽다'는 반드시 대상을 필요로 하는 행위다. 무엇인가가 선제적으로 현시되어야만 하고, 그다음에 행위가 수행된다. 이를 '기록'이라고 한정하면, 써진 무엇인가가 먼저 존재해야 한다는 뜻이다. 그러면 '읽다'는 행위가 추수(追隨)적이 될 수밖에 없는데, 그렇게 보면 과거를 뒤쫓는 행위라는 의미가 된다. 하지만 독서이론 일반에서조차 강조하듯이 어떤 기록물을 읽는다는 것은 단순히 과거를 현재적으로 재현하려는 목적이 아니다. 그것은 과거를 통해 오늘을 변형하고자 하는 것이므로 이때 '읽다'는 곧 '생기를 불어넣다'와 같은 의미가 된다.

> 봄꽃 몽실몽실 눈뜨는
> 읍내에서 맞이한 첫 생일
> 한참을 걸어서
> 먼지 폴폴 날리는 버스를 타고
> 군불 지펴 손수 만들어 온
> 마구설기 한 바구니
> 생일 때만 되면

어느 하늘 근처에 있을까

말라버린 이름 하나

―「어머니」 부분

한때 불꽃처럼 살으셨을

팔순 아버지

절름거리는 발걸음이

장경각 십육만 도자대장경 미로의 중심에 서 있다

대장경 따라

미로를 걷다 보니

절름거리는 울 아버지 등 뒤로

이슬 머금은 금낭화

종을 울리며 따르고 있다

―「서운암에서」 부분

  때로 인정하기 싫어도 부정할 수 없는 사실이 있다. 그중 하나는 흔히 '자아(ego)'라고 명명된 부분이 대부분 가족, 특히 부모의 절대적인 영향 아래서 형성된다는 것이다. 어떤 정신분석적 이론을 따르자는 것이 아니라, 일반적으로 '양육(養育)'이나 '인성교육'이라는 측면에서 그렇게 볼 수밖에 없다.

시인은 첫 인용 작품에서 은연중에 '어머니'에 대한 심리적, 정서적 태도를 보여준다. "타의든 자의든/낯선 읍내에서 시작한 자취생활"에서 또한 거기서 겪은 "시린 마음 허기진 배고픔"의 일상에서 분리와 고립에의 두려움이 고스란히 드러난다. 객지에서 맞은 첫 생일에 어머니가 손수 해온 "마구설기 한 바구니"는 따뜻하지만 시적 화자의 불안을 그대로 드러낸다. '마구설기'란 고명을 두서없이 얹은 설기를 일컫는데, 이 '마구'의 무질서가 화자의 당시, 또는 그때를 회상할 때의 심리 상태를 상징한다. 그래서 시인은 '어머니'를 "말라버린 이름 하나"로 정의하고 마는데, 말라버렸다는 것은 시인이 이후 전개한 또는 전개하고자 하는 삶의 방식에서는 전혀 무가치한 것이 되어버린다. 시인은 '스밈'을 통해 '자기 정체성'을 확립하고자 하는데 이미 말라버린 것에는 스며들 어떤 가능성도 남아 있지 않기 때문이다.

반면에 '아버지'는 심리, 정서적 거리를 설정할 필요가 없는 존재로 그려진다. 앞 인용 작품에서 드러나듯, 화자가 잘 기억하지 못하는 아버지의 인생은 "불꽃처럼 살으셨을" 것으로 추측된다. 왜냐하면 비록 "절름거리는 발걸음"일지라도 "장경각 십육만 도자대장경 미로의 중심"에 서 있기 때문이다. 그렇지 않은가, 장경에 새겨진 말씀들이야 구구절절 옳고 빛나는 게 당연지사겠지만 '팔순'이 되도록 제 몸으로 수행한 실천보다 결코 낫다고 할 수 없을 것이다. 시적 화자는

"대장경 따라/미로를 걷다" 문득 이 사실을 깨닫는다. 그래서 다시 보니 "절름거리는 울 아버지 등 뒤로/이슬 머금은 금낭화/종을 울리며 따르고 있"음을 알게 된다.

이렇게 부모의 세월을 읽으며, 아니 시작(詩作)을 통해 다시 쓰면서 시인은 지금의 '나'를 생각한다. '부모'로 읽혀질 '나'를 새롭게 정의하고자 고심하고 또 기획하게 된다. 가령, 「너는 어느 별에서 왔니」에서 "엄마의 이른 귀가를 불편해하는 그 녀석"이나 「그 누구의 것도 아닌 너」에서 "이제 그만 자라 해도/대답이 없"는 자식에게 어떤 부모여야 하는가를 존재의 숙명처럼 묻고 있는 것이다.

하지만 이쯤에서 '읽다/쓰다'를 뒤집어 생각해볼 필요가 있다. 김미경 시인은 고립된 개별자가 아니라 '세계—내—존재'로서 자기를 정위(定位)하려는 의지를 굽히지 않는다. 시인은 세상을 읽는다. 「쓸쓸함에 대하여」에서 "가까이 있어도/소통이 없는 세상/마음이 없고/눈빛이 없고/짧고 빠르게 걷는 초바늘처럼/일상에 젖어 바쁘게만 돌아간다"는 것에 대해 탄식하는 것도 그렇고, 그럼에도 불구하고 "세상은/누군가에게 끊임없이 기대게 한다/노랑, 하늘, 분홍, 빨강이란 이름으로/시대가 변할수록/우리의 소망도 깊어"(「풍등」)진다고 말할 수 있는 것이 다. 그 결과 비로소 시인은 나와 전혀 무관해 보이는, 즉 직접적 연관성이 없는 존재(타자)를 쓰기 시작한다. 어쩌면 이방인이고 타자인 이 존재들이 사실은 '나'의 '정체성'을 정의하는 데 필수적인 요소라는 것을 인식하게 된 것이다. 즉 시인은 비로소 '노을'처럼 '스밈'을 통해 미래를 기대할 수 있는 지점에까지 가닿게 된 것이다.

> 그녀에게 눈먼 아버지가 계신 것은 아니지
> 일찍이 어머니를 여의지도 않았어
> 그냥 한솥밥 먹던 살붙이들
> 반짝이는 눈망울들
> 나보다 조금 더 배울 수 있게
> 조금 아주 조금
> 보탬이 됐으면 하는 바람이었지
>
> 풍문 따라 들려온 소문
> 인정 많고 책임감 강한
> 낭군이 있다기에
> 낯설고 두려운 마음
> 맹그로브 숲속에 묻어두고
> 구름 위를 날아
> 아스팔트 인생을 꿈꾸었지
>
> 어설픈 소통 속에서도

사랑의 씨앗은 싹이 트고
뿌리가 내리고
열매가 맺고
녹록치 않은 삶

효은이 엄마 누엔티 베하이
오늘도 그녀는 자전거를 타고
베트남 쌀국수 식당으로 출근한다
―「베트남에서 온 효녀 심청」 전문

그 어떤 사회적 함의 이전에 이 작품은 '사랑', 혹은 어떤 긍정적 '생의(生意)'가 불러오는, 또는 거기서 기대하게 되는 변화를 충실하게 형상화한다. 결혼 이주 여성을 우리의 고전 속 인물, '심청'으로 비유한 것부터가 매우 의미심장하다. 하지만 "효은이 엄마 누엔티 베하이"뿐만이 아니라 "사후가 더 아름다운/얼굴"의 권정생 선생도 있고, "순진하게 날아와 거칠고 단단한 바위에/얼룩이 되기도 하고 꽃으로 피기도 하고/때론 바위에 스며들기도 하"(「90년생 유진이」)는 이 땅의 수많은 '90년생 유진이'와 "아직은/부영공원 메인무대 주인공으로 앉아"(「앉아 있다」) 있는 '세 노인'까지 시인의 시선은 노을처럼 이 타자들에게로 스며들어 주변을 물들이기 시작한다.

3.

김미경 시인에게 '노을', 아니 '노을이 머무는 시간'이 심리, 정서적으로 '시간의 특별한 국면'이라는 것은 동일한 계열이라 할 수 있는 '빨강', 또는 '붉음'의 색채상징이 드러나는 다른 작품을 통해 확인할 수 있다. 즉, 그 작품들의 이질성에서 '노을'의 정체가 확인된다.

> 끝내
> 불덩어리만 남았다
> ―「단풍」 부분

> 빨간 우체통은
> 아득한
> 그리움이다
> ―「빨간 우체통」 부분

처음 인용한 작품에서 '단풍'은 어떤 원인에 대한 결과로 '불', 또는 '불타다'라는 의미에서 중지된다. 즉 여기서 드러나는 '붉음'은 최후의 표징과 같은 것으로 그 이후에 소멸만 남았다는 데서 일종의 무상함을 각인시키고 있다. 다음으로 인용한 작품에서 '붉음'은 일종의 위기의 신호인데, '우체통'의 지시적 의미가 지나치게 강하기는 하지만 어쨌든 소통이

단절된 상황의 신호로 '붉음'이 사용되었다고 볼 수 있다.

> 저기 제일 붉은 단풍은
> 단풍이 아니라
> 복자기나무라고 묻지도 않은 대답을 했지요
> 나뭇잎 사이로 반짝이는 햇살을 보며
> 한 번도 가보지 않은 숲길을
> 그렇게 걸었지요
> ―「들키고 싶지 않은」 부분

시인은 '단풍'이라는 하나의 시어를 다른 갈래의 의미로 나눈다. '농익은 반항의 아들'과 함께 걸어 들어간 숲에서 "저기 제일 붉은 단풍은/단풍이 아니라/복자기나무라고 묻지도 않은 대답"을 하고 만다. 이 정황에는 보이는 그대로 판단하지 말라는 염려와 기꺼이 스며들고 싶은 화자의 바람이 동시에 드러난다. 스며든다는 것은 형체가 완고한 존재들끼리는 불가능한 '관계 맺음'이다. 그러므로 스며들기 위해서는 노을처럼 자기 경계를 흐릿하게 할 필요가 있다. 하지만 이것이 곧 흩어지거나 혼합해버린다는 뜻은 아니다. 시인인 마당에 '자기(The Self)'는 오롯이 자기 자신이어야 하기 때문이다.

그 어떤 명의라도 할 수 없는 수술이 있다

쌍꺼풀 수술은 가능하지만
코를 높이는 것도 가능하지만
키를 키우는 것도 가능하지만
눈빛,
내 속내를 보여줄 수 있는
내 삶의 거울이기에

그 누구도 할 수 있는 수술이 있다

상처를 내고 하는 수술은 아니지만
돈이 많이 드는 수술도 아니지만
내가 어떤 생각으로 살아가는지
내가 어떤 마음으로 타인을 대하는지
내가 아닌 그 누구도 아닌
내 자신만이 할 수 있는 수술이기에
눈빛, 그 찬란한 눈빛
결코 짧은 시간에 이루어지는 수술은 아니다
긴 시간 느림의 미학으로 다가와
무의식의 세계에서
나의 거울 앞에 어느 순간 찾아와

우뚝 서서 나를 지켜보는

또 하나의 나

―「눈빛 성형」 전문

  이 작품의 전언에 따르면 시인은 누구나 자신의 집도의(執刀醫)이자 환자인지도 모른다. 김미경 시인은 "내가 아닌 그 누구도 아닌/내 자신만이 할 수 있는 수술이기에/눈빛, 그 찬란한 눈빛"으로 스스로를 재확인하고자 한다. 그러면서 "결코 짧은 시간에 이루어지는 수술"이 아니라는 것도 알고 있다. 그러므로 시인은 '세월을 읽으면서', 그것도 '타자를 동시에 읽으면서' 자기 자신의 집도의가 되어야 한다. 지난하지만 그 사실을 인식하는 순간, 이미 일은 벌어진 것. 김미경 시인이 앞으로 펼쳐나갈 시세계의 변모를 기대하는 이유가 여기에 있다.

이 도서의 국립중앙도서관 출판시도서목록(CIP)은 서지정보유통지원시스템 홈페이지(http://seoji.nl.go.kr)와 국가자료공동목록시스템(http://www.nl.go.kr/kolisnet)에서 이용하실 수 있습니다.(CIP제어번호: CIP2018023290)

문학의전당 시인선 0287

내 안의 노을

ⓒ 김미경

초판 1쇄 인쇄	2018년 8월 1일
초판 1쇄 발행	2018년 8월 8일
지은이	김미경
펴낸이	고영
책임편집	서윤후
디자인	헤이존
펴낸곳	문학의전당
출판등록	제2017-000002호
주소	서울시 마포구 마포대로 11길 91, 3층
전화	02-852-1977 팩스 02-852-1978
전자우편	sbpoem@naver.com

ISBN 979-11-5896-378-1 03810

* 이 책의 판권은 지은이와 문학의전당에 있습니다.
* 양측의 서면 동의 없는 무단 전재 및 복제를 금합니다.
* 잘못 만들어진 책은 바꿔드립니다.
* 이 시집은 2018 충청북도, 충북문화재단의 후원으로
   발간되었습니다.